DONNER PEUT FAIRE MAL

GUIDONS LES GENS VERS *L'AUTONOMIE*

DEAN H. CURTIS

DONNER A DE L'IMPACT!

Je crois aux dons. Donner aux écoles et aux églises peut créer l'espérance, augmenter la connaissance, fournir des opportunités, et soulager la pauvreté des autres. Les catastrophes naturelles se produisent. Nos dons aident les autres à se remettre.

Mais donner peut aussi **nuire** aux opportunités des gens de surmonter la pauvreté à long terme.

Fredrick est un des centaines de milliers de personnes au chômage à Zimbabwe. Il a eu son bac. Il a une vingtaine d'années, il est timide, et il manque de confiance et de vision. Avec ses amis, il passe le temps dans la rue à jouer des jeux vidéo quand ils ont de l'argent.

Il ne cherche pas de travail ni à démarrer une entreprise parce qu'il peut se débrouiller avec ce qu'il reçoit des autres et dans sa tête il n'a pas d'espoir de changement. Il mendie au marché et il demande de l'argent de son église.

Sofia de Colombie est une des millions de gens qui fait des échanges commerciaux dans la rue pour survivre. Elle n'a pas fini l'école primaire et elle à maintenant plus de cinquante ans.

Elle vend des fruits. Sa maison est remplie de pulpe de fruit qui a été congelé et mis dans des sac en plastique. Elle s'est inscrite a un groupe d'autonomie MBS, et elle apprend pour la première fois comment garder des registres et à formaliser son entreprise.

Fredrick et Sofia se soutiennent. L'un demande l'aide financière tandis que l'autre travaille pour devenir autonome.

Donner a quelqu'un pour répondre à un besoin immédiat est simple. On voit quelqu'un en besoin et on y donne. On ressent bien et ils reçoivent de l'aide à court terme.

Donner pour aider une personne à devenir autonome est bien plus difficile. L'espérance, la motivation, la connaissance, et le soutien sont nécessaires par les gens qui essaient de gagner du revenu ou trouver du travail.

Ce livre est écrit pour deux groupes de personnes : Ceux qui veulent donner de l'argent ou des moyens pour aider les personnes à se soutenir, et ceux que veulent donner leur temps à travailler directement avec les autres qui essaient de devenir autonome.

Des milliers de personnes partout dans le monde deviennent autonome grâce aux contributions sages de temps et d'argent des personnes comme vous.

Bienvenue à une nouvelle façon de donner.

Donner pour l'autonomie.

Pour Julie Curtis

Pour avoir élevé nos neuf enfants et pour avoir soigné ma mère âgée pendant que je rends visite a des pays en développement partout dans le monde. Tu as rendu ce livre possible.

Photo de Couverture par David Curtis

TABLE DES MATIÈRES

Pourquoi Donnons-Nous ? 1

Notre Histoire : Comment Rendons-Nous Le Bien ? 5

Donner Peut Faire Mal 13

Donner pour l'Impact 21

La Maîtrise en Commerce de Rue (MBS) 29

Les 6 P de l'Entreprise 35

La Qualité de Vie au Foyer 39

Des Centaines de Projets de Service Communautaire 45

Les Ambassadeurs du Succès 51

La Connaissance d'Abord ; et Ensuite l'Argent 57

S'ils ne Peuvent pas Lire ou Parler la Langue ? 63

Et Maintenant ? 67

POURQUOI DONNONS-NOUS ?

Une femme aux lèvres fendues et un visage dure m'a abordé une nuit enneigée près de Noel. C'était claire qu'elle avait froid, et qu'elle était sans abris, et elle me demandait de l'argent. J'étais juste à la sortie de Temple Square, à Salt Lake City, Utah, aux États-Unis ou L'Église de Jésus-Christ des Saints des Derniers Jours a un temple bien connu et où il y a normalement quelqu'un qui cherche une aumône.

« Je devrais lui donner quelque chose. » J'ai pensé. Pourquoi ? Est-ce que c'était un sentiment de culpabilité parce que j'ai de l'argent et un foyer et elle n'en a pas ? Est-ce que c'était une exhortation spirituelle à cause de la saison ou du lieu ? Est-ce que c'était parce qu'elle m'a énervé quand je voulais sortir du froid et monter dans ma voiture ? Je n'ai pas pu décrire la raison exacte, mais quelque chose m'a dit que j'avais besoin d'aider, de donner.

J'ai senti que j'avais besoin de faire plus que de lui donner de la monnaie. Je lui ai amené à un hôtel moins cher ou je lui ai payé pour un séjour d'une nuit et j'ai donné de l'argent pour la nourriture. Je l'ai fait sortir du froid et elle avait de quoi manger.

En conduisant chez moi, j'écoutais la musique de noël en remarquant les lumières de noël. Je ne savais pas si je me sentais heureux ou soulagé ou peut-être même toujours un peu agacé.

Je l'ai oublié.

J'ai déménagé hors de la zone, cependant, six ans plus tard je suis retourné à Temple Square. J'ai été abordé encore par quelqu'un qui demandait de l'argent. En la regardant de près, je me suis rendu compte que c'était la même femme de la dernière fois il y a six ans ! Elle était plus usée par le temps et il était l'été, mais elle était toujours sans abri, elle avait toujours faim, et elle demandait toujours de l'argent.

Cette-fois-ci j'ai reconnu mes sentiments. J'ai ressenti la colère pour avoir donné tant d'argent et de temps il y des années. J'ai été en colère contre elle pour ne pas avoir changé. Ça me dérangeait que des centaines de personnes comme moi lui avaient donné de l'argent ces six dernières années pensant que ça pourrait changer quelque chose. J'étais perplexe sur ce que je devais faire à ce moment-là, et aussi dans le futur quand on me demanderait de donner encore.

Six ans auparavant, j'avais soulagé la souffrance à court terme pour une nuit mais je n'avais résolu aucune pauvreté. Je n'avais rien fait pour aider la femme à être plus autonome. D'un côté, j'avais moi, ainsi que des centaines d'autres personnes, fait en sorte qu'elle n'ait pas besoin de se changer ou de chercher de l'aide à long terme. Avais-je aidé pour une nuit et fait du mal à son futur au même temps ?

COMMENT PEUT-ON DONNER POUR ENCOURAGER L'AUTONOMIE À LONG TERME ?

J'ai deux collègues bien connu, Rocio « Chio » Lizano, et Jay Bosshardt, qui m'ont aidé à développer une meilleure philosophie pour les dons qui ont un effet.

Chio est marrie à un comptable florissant en Quito, Équateur. Elle élève quatre enfants, s'occupe des besoins des deux chiens, participe à la ligue de football de sa fille et aide des centaines de personnes devenir plus autonomes comme Ambassadeur du Succès.

Je l'ai vue en action sur le flanc d'une montagne raide à Quito. Chio a accueilli joyeusement les huit participants qui assistaient à son groupe d'autonomie ce jour. Ce n'était pas important que quelques-uns étaient lent à apprendre, quelques autres ne pouvaient pas lire, et même d'autres était handicapés. Ils y étaient avec leurs personnels soignants pour apprendre comment ils pourraient devenir plus autonome et démarrer ou améliorer leurs propres micro-entreprises. Ils n'étaient pas là pour l'aide financière.

Elle a organisé des groupes semblables dans le passé. Ces groupes de 10 à 20 personnes se rassemblent souvent pour apprendre les concepts du commerce, se soutenir, s'encourager, et améliorer leur salaire, leurs foyers et leurs communautés. Parfois, ces groupes sont sponsorisé par les agences gouvernementaux, institutions de microfinance, ou des églises. Parfois c'est seulement des voisins. Maintenant elle travaille avec la police nationale de Quito et leurs épouses pour que les familles auront un jour des économies suffisant pour le retrait et les polices seront moins susceptible aux pots-de-vin.

Jay Bosshardt était propriétaire fière d'une mine de sel. Pendant son enfance en Utah centrale, son père a trouvé que leur ferme se trouvait sur une formation géologique qui contenaient de grandes quantités de sel.

La famille a développé la mine et Jay y a travaillé pendant la plupart de sa vie aidant à la transformer en une entreprise prospère qui vend leur style unique de sel partout dans le monde.

Quand la famille a vendu la mine, Jay avait de l'argent et le désir d'aider les autres surtout ce qui habitaient aux pays en développement . Il a rendu visite à des associations à but non lucratif et il a participé à des expéditions humanitaires. Néanmoins, quand il aidait à construire une nouvelle école ou rendait visitait un autre orphelinat il se demandait comment ces bonnes personnes deviendraient jamais autonome et ne seraient pas dépendants de l'aide des autres et des dons.

Jay voulait que ces dons changent la façon dont les gens qu'il aidait **perçoivent** la pauvreté et l'autonomie. Comment pourrait-il les encourager à être plus autonome et ne pas être dépendant des dons ? Il a continué à chercher jusqu'à ce qu'il ait trouvé une approche aux dons qui soulignait l'autonomie.

Il a voyagé à l'Amérique du Sud et il a vu pour lui-même que les habitants de Équateur et de la Columbie pouvaient s'aider à créer des micro-entreprises et devenir plus autonomes à travers des groupes. Il a appris que des groupes locaux partout dans le monde aidaient des personnes à créer des plans d'action pour le commerce, le foyer, et la communauté. Ils n'avaient pas besoin de visiteurs du nord pour répondre à leurs problèmes.

Maintenant une partie de ses dons aide à trouver, former et soutenir les Ambassadeurs du Succès de la région partout dans le monde qui organisent et facilitent les groupes d'autonomie. En ces groupes, les gens s'enseignent et se soutiennent afin d'augmenter leurs revenus, améliorer leurs foyers et rendre service à leurs communautés. Il donne maintenant une partie de son argent pour l'autonomie

Aider les gens à devenir autonome n'est pas facile. Donner peut réellement décourager l'autonomie si on le fait incorrectement. Parfois les dons peuvent aider, mais parfois ils peuvent faire mal. Ce livre vous aidera a reconnaître la difference.

NOTRE HISTOIRE : COMMENT RENDONS-NOUS LE BIEN?

Nos diners de Jour de Grâce sont souvent accompagnié d'échange amical du meilleur moyen d'éliminer la pauvreté dans le monde.

« Le seul moyen de réduire la pauvreté au pays étrangers est à travers le développement du commerce » j'ai affirmé. « La santé, les droits humains, l'alphabétisation sont de bons buts mais s'il n'y a pas d'argent, il y a toujours la pauvreté. »

Mon frère ne serait pas d'accorde. « Le commerce veut dire des motivations basées sur les bénéfices. Une société ne peut pas avancer si tout le monde pense à l'argent. » a-t-il dit « Le développement sociale est le seul moyen de réduire la pauvreté à long terme ».

« Chante Kumbaya si t'en veux » j'ai répliqué « On peut avoir tout le développement social qu'on veut, mais en fin de compte, les gens ont besoins de revenus. Cela veut dire le commerce ».

J'avais décidé que le développement de commerce était le seul moyen de réduire la pauvreté dans le monde. Mon grand frère Lynn avait bien sur décidé que le développement charitable au niveau international est le plus grand espoir du monde pour mettre fin à l'inégalité économique et à la pauvreté.

MOI ET LE COMMERCE

A Palos Verdes, Californie, on peut trouver de bons brownies. Celui que j'ai mangé le 15 Juillet 2000 à 11 :30 était peut-être le meilleur que je n'ai jamais acheté. C'était le premier achat que j'ai fait en tant que millionnaire.

Plus tôt ce jour, dans les environs de bureau luxe du Long Beach World Trade Center, j'ai fini un processus de négociation de deux ans en signant les papiers qui donne control de mon entreprise de quinze ans, Curtis et Associates, Inc., a AFSA, une entreprise de Fleet Boston Bank.

Curtis et Associates, Inc., une firme consultant qui a eu plus de cinq cents employés, travaillait avec le Département des Services Sociaux dans tout le pays pour trouver de l'emploi pour les gens qui recevaient des allocations.

Nous avons créé des centres de ressources pour l'emploi. Avec un programme d'études motivant, nous avons formé les bénéficiaires d'aide sociale à trouver du travail et leur avons fourni des ordinateurs, des téléphones, des télécopieurs et un environnement favorable pour les aider à réussir. Dans beaucoup de nos contrats, nous n'étions payés que si la personne retrouvait un emploi. Au cours des quinze années d'activité, nous avons vu des milliers de personnes résoudre leurs propres problèmes de pauvreté en trouvant et en conservant un emploi.

Mais le moment était venu de vendre l'entreprise. Après deux ans de négociations et de travaux, nous avons achevé la vente compliquée.

D'un coup de stylo, J'avais soudainement des millions de dollars en mon compte, et plus de trois millions en un fonds que je pouvais donner à une cause de mon choix.

Deux ans plus tard, j'ai fini mon contrat d'emploi avec AFSA, et en Janvier 2002, je me suis trouvé complètement libre des devoirs du travail et avec accès à des millions de dollars.

Alors, que ferais-tu maintenant ?

La plupart des gens dirait, « Tout ce que je veux ! »

Je l'ai fait. Pour quelques semaines j'ai passé des heures au bain chaud, j'ai lu le journal tout entier chaque matin, et j'ai essayé de ne pas déranger ma femme. Je me suis détendu.

Et puis je me suis demandé la question, « Et maintenant ? ».

J'ai resorti des vieux rêves. En Juillet 2002, après avoir démangé plus près de la famille étendue à Layton, Utah, j'ai pris trois de mes quatre fils (le cadet était trop jeune) pour faire une course à vélo d'un mois depuis Canada jusqu'au Mexique. Faisant du camping, passant du temps avec les garçons, et profitant du beau littoral Pacifique était le rêve d'un père devenu réalité.

Rentrant avec des bras bronzé, les jambes plus fortes, et des mémoire profond en famille, je me suis encore posé la question, « Et maintenant ? »

Après quelque mois, j'ai trouvé la réponse quand j'ai reçu une invitation de mon église de servir les paroisses de Tampico, Mexico pendant trois ans avec ma famille.

La question « Et maintenant ? » avait été temporairement répondu. Pendant les prochains trois ans, ma femme et moi avons eu l'expérience sublime de consacrer nos vies au service de Dieu et de nos frères et sœurs au Mexique. Vivre dans un pays en développement a fourni des expériences puissantes qui m'ont aidé à former une philosophie de ce que je devrait faire ou non pour réduire la pauvreté.

Je me souviens qu'une fois un homme m'a appelé des États Unis et m'a demandé s'il pouvait donner des trousses qui contenait du dentifrice, du shampooing, du savon, et des lingettes. J'ai contacté un dirigeant d'une église dans le village de San Flipe, lui demandant s'il y avait des membres de sa paroisse qui voulaient ces trousses.

Je me souviens qu'il s'est gratté sa tête en me demandant pourquoi des gens voudraient donner à sa paroisse des brosses à dents et du savon. Il a fini par accepter et a décidé de distribuer les trousses quand je les lui apporterait la prochaine fois que j'étais dans le village.

Nous avons défait les trousses et les avons mises dans son bureau, puis il a demandé un peu confus, « Pourquoi ces gens voudraient-ils donner du dentifrice et du savon ? Pensent-ils que nous n'avons pas de savon ? Ou pensent-ils que nous ne savons pas comment utiliser une brosse à dents ? »

Je lui ai assuré que les gens essayaient d'être amicale, mais cela semblait quand même être une solution qui cherchait un problème.

Ce genre de chose se passait régulièrement. Des gens qui voulaient aider amenaient des provisions à des régions qui ne demandaient ni n'avait besoin de ces provisions. Bien sûr, les gens prennent les choses gratuites, mais souvent ils se demandaient pourquoi les autres donnaient tel choses bizarres. Des familles et des petits villages étaient même devenu dépendant de ces provisions régulières qui venaient des amiables familles étrangères.

Un couple généreux a envoyé des ordinateurs d'occasion et des provisions a un petit village dans les montagnes du Mexique. Ils ont donné les ordinateurs à une famille dans la petite paroisse. D'autres familles de la paroisse sont devenu jalouses, et l'arrivé des ordinateurs et des provisions du nord a divisé le petit groupe, et enfin plusieurs familles ont arrêté de venir à l'église.

Au Mexique, j'ai vu la pauvreté pour la première foi d'un nouveau point de vue. J'étais côte-à-côte et je travaillais avec des gens qui vivaient dans des maisons en carton aux toits en plastique. Cependant, ils étaient heureux, intelligent, et ils contribuaient à leur communauté. J'ai connu personnellement plusieurs personnes qui, dans le passé, j'aurais pris pour des « pauvres Mexicains ».

Maintenant, je connais Francisco, sa femme et trois enfants par nom. Lui et sa famille, et d'autres comme lui, ont des talents, des rêves, et des idées sur comment améliorer leurs vies. Plusieurs avaient besoin d'aide et de formation, mais ils n'avaient pas besoin d'aide financière. Quand ils ont été organisés et valorisé avec des idées et la connaissance, ils pouvaient répondre aux défis de leur communauté.

Connaître des gens d'un pays en développement a changé ma perspective de la pauvreté. Après être rentré du Mexique, j'ai commencé à me poser la question « Que puis-je faire ? » Mais à ce moment j'ai su que la réponse devait comprendre plus que donner des choses. J'ai décidé que la réponse à la pauvreté des pays en développement était le commerce.

MON FRÈRE ET LE DÉVELOPPEMENT DE COMMUNAUTÉ CHARITABLE

Lynn a trois ans de plus que moi et il raconte des histoires exotiques. Il en a le droit puisqu'il a visité plus de soixante-cinq pays pendant son travail de développement international. Après avoir eu son diplôme de Brigham Young University en 1977, Lynn a déménagé à Syracuse, New York, et il a été embauché par Laubach Literacy. Là il a commencé une carrière qui lui a mené à implémenter des programmes de littéracie fonctionnel à travers le monde.

Huit ans avant de déménager à New York, Lynn a servi en Taiwan et Hong Kong pour son église. Il a vu de la pauvreté extrême. Une fois, sur le trottoir dans une partie humble de Hong Kong, il est tombé sur un grand carton à côté d'un bâtiment. Le mouvement de la foule l'a rendu impossible à éviter, et lorsqu'il la passer, il pouvait regarder dedans. Il a vu une jeune mère, baissé dans le carton, essaiant de calmer un petit bébé qu'elle tenait dans ses bras. Quand la mère lui a regardé, Lynn a vue qu'elle avait du sang sur son visage. Ses yeux semblaient dire « S'il vous plait, aidez mois. Je n'ai rien, et nulle part à rester. »

La foule l'a poussé de l'avant, mais l'image mental a été prise. Il titubait, le carton disparaissant dans la foule. Mais à ce moment sa vie a changé. Il s'est décidé à travailler pour le soulagement de la pauvreté en une entreprise à but non lucratif.

Laubach Literacy était un début parfait pour son carrière. Pendant qu'il finissait son PhD à Syracuse University en l'apprentissage des adultes, Lynn a créé une approche à l'éducation des adultes qui comprenait le travail avec les personnes d'un niveau local dans les pays en développement afin qu'ils puissent obtenir la littéracie fonctionnel. Il appelle ce model FASA ; un acronyme qui veut dire les fais, l'association, le sens, et l'action. Avec cette méthode, il travaille avec des groupes à travers le monde pour les motiver à développer leurs propres solutions.

Il a découvert que les adultes veulent résoudre leurs propres problèmes, tandis que les problèmes de santé, de revenus et de foyer étaient plus importants aux adultes que de passer du temps dans une salle de classe pour apprendre à lire. Si les gens identifiaient un problème personnel et puis voyaient comment apprendre à lire pourraient les aider à résoudre le problème, ils étaient plus motivés d'apprendre à lire. Lynn n'a pas réussi quand il a seulement dit « Voilà des cours de littéracie ». Très peu d'adultes n'y assistaient.

Après des années, il a eu plusieurs aventures en perfectionnant son modèle unique d'enseignement d'auto-motivation. Le vol sous la menace d'un arme, le malaria en Uganda, et la prison en Panama pour avoir organisé les gens faisaient tous partie du processus d'apprentissage pour Lynn. Cela lui a amené à comprendre que la motivation est une partie intégrale du développement international.

À plusieurs évènements de famille, nous discutions de la pauvreté et comment le vaincre. Lynn était toujours focalisé sur le développement des communautés, et je préférais le commerce. Selon moi, sans un travail, ou des revenus productives, les gens ne pourraient jamais s'élever de la pauvreté. Les économies des nations et l'établissement du commerce était le seul moyen de réduir la pauvreté dans le monde.

« Non » Il disait. « Le commerce se soucie des profits. Les motives basées sur le profit causent l'exploitation. Si on ne peut pas les enseigner à lire et à résoudre leurs propres problèmes, la pauvreté ne serai jamais réduit ».

« Ils peuvent lire tous ce qu'ils veulent, » je répondais. « Un des plus grands problèmes au niveau local est qu'il n'y a pas de travail. Cela veut dire que ce n'est pas important s'ils peuvent lire—ils n'ont toujours pas d'argent pour la nourriture. Ils vivront toujours dans des cartons s'ils n'ont pas de moyen viable de revenu. Il faut que quelqu'un crée des emplois ou la pauvreté existera toujours. »

Donc, le Jour de Grâce était souvent devenu un échange amical de comment vaincre la pauvreté du monde, avec le commerce d'un côté et la charité d'un autre. Nous deux attaquions la pauvreté. Aux États Unis, je créais des travails et j'aidais les gens recevant de l'aide social à trouver du travail. Internationalement, Lynn aidait les gens à lire et établissait des groupes régionaux pour résoudre les problèmes de la région. Nous

développions petit à petit un moyen d'aider les gens à devenir
autonome.

Ils ne voulaient pas simplement donner de l'argent ou du
temps aux organisations qui aide les pauvres. J'ai vu que souvent, donner pourrait jouer contre le but d'aider les autres à
devenir autonome. Je voulais trouver quelque chose qui ne
ferait pas de mal.

Travaillant ensemble, mon frère et moi avons organisé une association à but non lucratif pour aider les gens à devenir autonome. Nous l'avons appelé Interweave Solutions.

DONNER PEUT FAIRE MAL

Quand j'étais jeune, je pensais qu'il n'y avait pas de mal en donner. Mais, si on suit la devise « donnez jusqu'à ce qu'il fasse mal » on ne donnerait pas pendant longtemps. Donner peut faire mal. Il peut donner lieu à l'arrogance du donneur et la dépendance du bénéficiaire. Il peut aussi détruire des emplois.

L'ARROGANCE

Mon projet pour les Boy Scouts of America quand j'avais dix-sept ans était une collecte de vêtements et de jouets pour un village au Mexique. J'ai motivé mes amis au lycée South Torrance en Californie d'apporter des vêtements et des jouets d'occasion à un point de collection. J'ai chargé les dons dans un pickup et mon ami et moi avons traversé la frontière a une petite ville au sud de Tijuana.

Nous ne connaissions personne au village. Nous avons conduit sur le chemin de terre à la place du village et avons garé le pickup. Le village était sal, chaud et pauvre comparé à mon standard de vie.

Donner des affaires pour un « Eagle Scout Project » (1970)

Nous avons pensé « Comment donner toutes ces choses ? Les gens sont bien sur pauvre et pourraient utiliser ce que nous avons. Que faisons-nous maintenant ? »

A ce moment, nous étions le sujet de curiosité dans le village. Les gens ont commencé à se rassembler autour du pickup et se demander pourquoi nous étions là. En fin, nous sommes monté sur le pickup, nous nous sommes regardés et nous avons dit « Commençons ! » Nous avons commencé à distribuer les choses. Bientôt, les autres villageois ont vu qu'il y avait des choses gratuites et ils ont couru au pickup. Nous étions vite entourés par les gens qui cherchaient tous ce qui était gratuit.

Lorsque la foule a grandi, nous ne savions pas quoi faire, alors nous avons commencé à lancer les choses du pickup, et les gens l'ont attrapé. C'était une frénésie pour quelques moments. Tout le monde a pris quelque chose, et puis il a fini. Il y avait quelques enfants qui regardaient des vieux gants de baseball

Jouer au Baseball avec les enfants de village au Mexique (1970)

avec confusion, alors nous sommes descendus du pickup, et nous les avons aidés à utiliser les gants, et nous avons joué au baseball pendant quelques heures avant de rentrer chez nous.

À la base, on doit nous féliciter comme adolescents qui a vu la pauvreté et qui a agi. Dans cette situation, nous n'avons eu aucune idée qu'il y avait un vendeur de vêtements d'occasion dans le village que nous venons de forcer de faire faillite en donnant les vêtements. Nous ne savions pas si peut être quelqu'un venait d'apprendre à être couturière et nous avons détruit sa motivation parce que les habilles gratuits sont arrivé d'un donneur ignorant. Pourquoi apprendre un talent quand les choses arrivent sans travail ?

Notre bonne intention aurait pu nuire à l'économie. Cependant, je ne le savait pas quand j'étais adolescent. Ce que je savais était que moi, j'ai essayé et eux ils ne l'ont pas fait. J'ai donné et ils ont reçu. J'ai solidifié en ma tête que ces personnes étaient dans le besoin, et je me sentait bien quand je donais.

Je suis rentré avec des photos et des histoires de pauvreté et de ma bienfaisance. J'ai reçu mon prix de Eagle Scout. Mais je n'ai pas appris à propos des personnes. J'ai just appris que je me sentait important quand j'ai donné.

Souvent, nous voyons des photos d'enfants sales qui vivent dans les cabanes dans les pays en développement qui viennent d'une organisation qui demande de l'argent. Nous sommes touchés par les photos et souvent, nous sommes motivés à donner. On donne un chèque et on ressent bien d'avoir aidé à vaincre la pauvreté.

Ils sont dans le besoin ; on donne. Ils sont faibles, on est fort. Ils sont pauvres ; on ne l'est pas. N'importe ce qu'on donne, ils sont reconnaissants de recevoir.

Après avoir vécu avec les gens merveilleux au Mexique pendant trois ans, je peux seulement imaginer ce que les gens dans ce village auraient dû penser après notre rapide distribution : « Ces blancs fou. Ils arrivent, jettent des affaires, et partent. »

« S'ils veulent donner des trucs gratuitement, j'en prendrai » J'ai imaginé d'autres dire. « Mais, j'ai aucune idée pourquoi. Pensent-ils qu'on n'a pas de vêtements ? »

Je sais ce que je pensais. « Les Mexicains pauvre ont besoin de nous pour venir et résoudre leur problèmes »

Quarante ans plus tard le fait que j'avais habité au Mexique m'a aidé à voir les choses de la perspective des Mexicains. Ils sont disposés à recevoir des choses, mais cela ne résout pas les problèmes à long terme et peut même faire mal. Cela est vrai partout dans le monde. Comme le magazine de commerce, *Caretas*, a écrit « Pérou n'a pas besoin d'aide, nous avons besoin de collègues »

Pour moi, la leçon est simple. Aider les gens à identifier et à répondre à leur propre besoins. Quand on essaie de résoudre un problème de notre façon et de notre perspective d'Amérique du Nord, souvent on ne fait que encourager notre arrogance.

Cependant, on peut aussi causer beaucoup de dégâts.

LA DÉPENDANCE

Que serait-il arrivé si, au cours de mon projet, nous avions promis de revenir tous les six mois avec encore de vêtements ? Et si ce n'était pas qu'une fois ? Si nous nous étions engagés ver le village ?

Cela aurait été pire.

J'ai vu des villages devenir dépendent de donateurs pour trouver un professeur pour l'école, pour réparer la pompe à eau, pour des fournitures scolaires et pour résoudre les problèmes.

Chacun entre nous a vu les citoyens devenir dépendant de programmes gouvernementaux, les gens qui dépendent de l'aide d'une église, et des villages dépendent des associations à but non lucratif. Au lieu de répondre à leurs propres besoins, ils attendent voir ce que le gouvernement, l'église ou l'association va faire.

C'est la nature humaine d'accepter les dons. Si ces dons viennent sans prix ou effort, et s'ils viennent régulièrement, on peut facilement devenir dépendant. Une fois dépendant, l'attitude d'avoir le droit suit bientôt.

> *Je mérite l'aide. Je suis vraiment pauvre.*

> *Si vous étiez vraiment des chrétiens, vous m'aideriez plus. Ne savez-vous pas que je ne peux pas me débrouiller avec ce que vous m'avez donné ?*

> *Pourquoi ne nous aident-ils pas comme ils aident l'autre village ? Il nous faut que nous montrons notre pauvreté si nous voulons recevoir de l'argent ou du soutien.*

Je me souviens d'un atelier pour l'autonomie au Mozambique. J'ai demandé à tout le monde dans le groupe de s'habiller pour les recherches d'un travail le lendemain. Un des hommes est arrivé avec des habilles salles et déchirés. Il ne s'est pas rasé et il a amené son petit enfant.

J'étais confus par rapport à son choix d'avoir une apparence si pauvre. Il a expliqué, « Je pensais que nous allions chercher du travail aujourd'hui. Je veux que les patrons sachent que je suis pauvre et que j'ai vraiment besoin d'un travail. J'espère qu'ils aient pitié de moi »

Quand les gens se sentent impuissants, ils espèrent que les autres leur donneront un moyen d'échappe. Peut-être leur donner un puit, de la nourriture, des vêtements, ou même un travail. Au lieu de penser comment ils peuvent améliorer la situation pour eux-mêmes, nos dons ignorant les enseignent à penser des façons qu'ils peuvent persuader les autres à leur fournir une solution à court terme.

La générosité sans les principes de l'autonomie peut créer la dépendance et il peut même détruire l'opportunité.

DÉTRUIRE DES TRAVAILS ET DES ÉCONOMIES LOCALES

Depuis l'expérience au Mexique, j'ai travaillé avec des centaines de micro-entreprises aux pays en développement . Des vêtements d'occasions aux lunettes de lecture, les tortillas aux

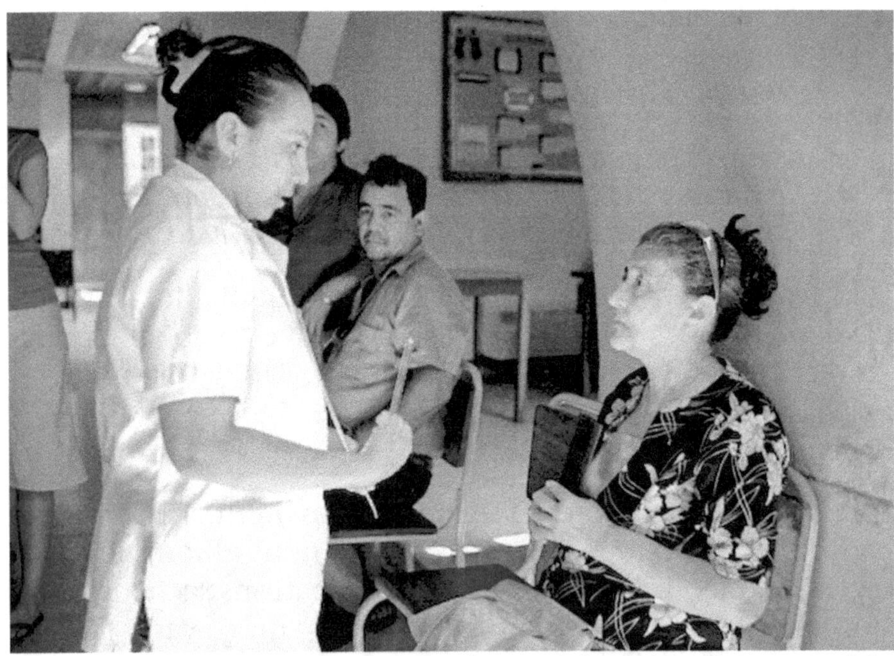

Les femmes de Nicaragua donnent un examen oculaire lorsqu'elles vendent des lunettes

bananes, chaque entreprise lutte de démarrer et de trouver des clients. J'ai également vu la destruction des entreprises par la charité.

Je travaillais avec un groupe des femmes au Nicaragua qui ont établi une entreprise qui vendait des lunettes de lecture. Elles ont aidé leurs clients à choisir un niveau de magnification pour les lunettes de lecture et elles ont éduqué leurs clients sur la presbytie, une condition ou la lentille de l'œil perde sa capacite de faire le point, le rendant difficile à voir des objets de près. Au fur et à mesure cette condition touche tout le monde selon le A.D.A.M. Encyclopédie Médicale. La plupart des gens le remarquent quand ils souhaitent avoir les bras plus longs afin d'éloigner ce qu'ils lisent de leur visage. Cela se passe d'habitude à l'âge de quarante ou cinquante ans. C'est un problème simple à résoudre avec des lunettes pas chères.

Néanmoins, si on ne connait pas la presbytie, on penserait que ses yeux deviennent faibles et on a besoin d'un examen oculaire avec des lunettes de vue. Dans un pays en développement , cela veut dire beaucoup de gens doivent abandonner la lecture ou même l'usage des mains pour les œuvres détaillés comme coudre ou la réparation des moteurs parce qu'ils ne peuvent plus se concentrer et n'ont pas les moyens pour payer les examens chers et les lunettes de vue.

Ces entrepreneurs de lunettes ont offert un service important, de l'éducation, et une source de lunettes de lecture moins chère. Tout allait bien avec les ventes des lunettes jusqu'à ce qu'un donateur bienveillant d'un pays plus développé ait décidé d'aider la communauté en donnant trois mille lunettes. Un jour de don spéciale, les gens du village sont arrivés, et des milliers sont parti avec des lunettes de lecture gratuites.

Ces propriétaires d'entreprise se trouvaient tout d'un coup sans marché : Personne ne voulait acheter ce qui vient gratuitement. Ayant besoin de travaille, et ressentant découragées, chaqu'une a quitté le domaine des lunettes de lecture et le marché s'est arrêté. Cependant, des mois plus tard, quand des nouvelles personnes avaient des problèmes de vision, des lunettes casées, et le besoin de plus d'éducation, le village n'avait pas de ressources pour l'éducation oculaire ni pour des lunettes de lecture moins cher. Ce qui était un acte de gentillesse extrême quelque mois avant a détruit des travailles et a rompu le service à long terme pour la communauté. La générosité a fait mal au village à la long.

Dans le Wall Street Journal le 9 Mars 2009 Dambisa Moyo se plaint sur comment l'aide garde l'Afrique en pauvreté et il donne un exemple similaire avec des moustiquaires. Quand les filets sont donnés, le marché et les travailles sont détruits. Plus tard, quand les gens ont besoin de plus de filets, ils n'ont aucune source sauf mendier pour plus de filets d'une agence de l'extérieur. Il explique que la même chose se passe au niveau national. Quand les nations reçoivent les grands dons de vêtements, de lunettes et de soins médicaux sans la bonne formation, l'agence d'aide détruit les marchés locaux et crée le chômage parce que les provisions et les services gratuits compètent avec les entreprises locales.

J'ai appris que si on ne fait pas attention, les dons peuvent donner lieu à l'arrogance et à la dépendance. Il peut aussi détruire des travailles.

Cependant, le commerce et les dons peuvent travailler ensemble. En fait, il faut qu'ils soient entremêlés pour vraiment s'adresser à la pauvreté. Avec la bonne méthodologie, on peut vraiment donner pour l'impact.

DONNER POUR L'IMPACT

Je pense que nous voulons tous aider à mettre fin à la pauvreté et à l'injustice dans le monde, mais on ne sait pas quoi faire. Quand donner ? L'argent aidera-t-il ?

Il y a plusieurs façons de donner régulièrement qui sont à notre disposition. Plusieurs associations à but non lucratif donnent de la nourriture, des repas chauds, de l'eau propre, des immeubles d'écoles, ou le soulagement après les désastres. Souvent, des amis qui semblent toujours être en difficulté demandent de l'aide. Ces charités sont valables et méritent notre soutien, et ces amis sont peut-être nécessiteux, mais souvenez-vous toujours l'importance de l'autonomie.

Afin de déterminer si votre aide ou don encourage l'autonomie, vous pouvez vous demander deux questions importantes :

1. *Est-ce que la donation aide ou encourage une sorte de génération des revenus ?*

2. *Ceux qui reçoivent la donation, sont-ils, si possible, obligés de travailler, contribuer, ou acheter quelque chose pour recevoir le service ?*

Est-ce que vous, ou l'association à but non lucratif auquel vous voulez donner, encouragez la génération des revenus ?

Les désastres se passent. Nos dons d'argent et de notre temps pour aider les victimes d'un ouragan ou d'un tremblement de terre peuvent sauver des vies. S'il vous plait, soyez généreux quand il y a des besoins clairs et qui sont à court terme. Néanmoins, évitez des associations caritatives qui continuent à donner après que les besoins immédiats soient satisfaits. Bien qu'ils fournissent de soulagement immédiat, ils peuvent avoir des effets à long terme sur la génération de revenus.

Que ça soit les lunettes de lecture, les moustiquaires ou les vêtements d'occasion, si une organisation ou un individuel donne des produits ou des services sans penser de comment ceux qui le reçoivent vont gagner leurs vies au futur, il crée souvent un problème de dépendance à long terme.

Je me souviens d'une conversation avec une coutrière de trente ans en El Salvador qui essayait de créer une nouvelle entreprise à part coudre parce qu'elle ne pouvait pas compéter avec l'inondation des vêtements d'occasion au marché. La charité avait détruit son entreprise.

Les médecins donnent souvent leurs services gratuitement. Ils vont à un village pour accomplir des opérations qui sauvent des vies. On doit les encourager, mais, de penser à la génération de revenus locale après qu'ils partent.

Dans une région pauvre de Port-au-Prince, une (ONG) européen est venue offrir des services médicaux pendant un an. Tout le monde était content de la haute qualité de soin venant des Européens. Un des médecins de la région ne pouvait pas affronter les soins gratuits qu'ils offraient, et ils on quitte la région. Un an plus tard, les Européens sont partis de Haïti. La région était sans soins médicaux local, et les gens du coin était dépendant du gouvernement ou des ONG internationaux pour résoudre leur problème. La charité a causé une dépendance et a détruit un marché local.

Le groupe des médecins européens aurait dû se focaliser sur la formation des médecins de la région non seulement avec des techniques médicales, mais aussi avec des idées de comment continuer ces services après leur départ. Peut-être ils auraient pu aider les médecins de la région à choisir des prix, promouvoir leurs services, et améliorer les processus locaux. Ils auraient pu travailler avec les médecins locaux pour développer un plan de croissance à long terme.

S'il vous plait, quand vous donnez, cherchez des organisations qui ont une partie de génération de revenu. Y-a-t-il de la formation en commerce ? Y-a-t-il des fonds de micro finance ? Y-a-t-il des dirigeants de la région impliqués dans le projet ? Toutes ces questions sont importantes quand vous cherchez une façon de donner qui aura un effet sur l'autonomie à long terme.

Quand vous travaillez avec un ami ou un membre de la famille, discutez des solutions à long terme. Peut-être vous pouvez engager la personne à assister à un atelier de travail, un groupe d'autonomie, ou à s'inscrire aux services de chômage comme condition de recevoir votre aide.

Est-ce que vous ou l'association à but non lucratif que vous soutenez invitez les gens à travailler, à contribuer, ou à acheter le produit ou service ?

Un autre résultat nuisant de simplement donner des moustiquaires ou des lunettes ou des médicaments est que les dons ne sont pas appréciés ou utilisé. Si ceux qui reçoivent n'ont pas pensé de la valeur d'un moustiquaire et n'ont pas fait le sacrifice d'en acheter, la personne souvent le met à côté, et le néglige.

J'ai rendu visite àu foyer d'une famille qui vivait en Ethiopie, frappé par la sécheresse. Un ONG bien intentionné a fait construire un système de collection de pluie avec un réservoir de 500 gallons sur la ferme d'une femme pauvre. Quand nous l'avons rendu visite, la connexion du toit au containeur n'était plus là. Ella l'a pris pour un autre but. Le système ne travaillait plus un mois après son installation. Elle ne s'est pas rendu compte de la valeur du système et elle n'a pas participé à son développement. Elle était contente que quelqu'un soit venu faire du travail sur la ferme, mais elle n'a rien fait pour le succès du système.

Tout changement de comportement, que ce soit porter des lunettes, dormir sous des moustiquaires ou puiser de l'eau d'une nouvelle façon, doit être accepté par une personne de la région. Il faut une conversion a l'idée. Vendre un produit ou service est une façon excellente de créer un investissement. Une transaction économique offre une occasion pour l'acheteur de s'engager au produit ou service. La personne a besoin d'être assez éduqué pour comprendre l'achat et assez engagé pour faire l'achat.

Si on encourage une personne de vendre des produits et des services a un prix raisonnable et les enseigne comment faire un profit au même temps, alors nous avons une situation où chaqu'un gagne. Les emplois sont créés, les services communautaires sont fournis, et les utilisateurs finals sont persuadés et engagés à utiliser le produit.

Et si la personne n'a pas d'argent ? C'est souvent vrai d'une éducation, d'un puit, d'une maison, ou d'autres choses très chères. Dans ce cas, donner une sorte de travail significatif ou service comme « paiement » est une partie important de l'autonomie. La personne qui reçoit doit aider à creuser les latrines, aider à rassembler les gens, vendre des lunettes, fournir des personnes référées ou être dirigeant. Le participant local a besoin de faire de son mieux « d'acheter » ou de mériter le produit ou le service.

Les gens du village qui demandent des latrines, des écoles, des livres ou des puits doivent être capable d'expliquer leur engagement au projet. A-t-ils un conseil dirigeant local qui recommande le projet ? Encouragent-ils la participation locale? Requisent-ils l'engagement local ?

Je parlais à un ingénieur qui voulait faire une différence dans le monde. Il allait en expédition de service en Afrique. Il s'est trouvé dans un trou en train de creuser des nouvelles latrines a coté d'un homme d'affaires qui creusait avec lui. Ils se regardaient et ils ont vu les gens du village qui regardaient les deux hommes blancs qui creusaient le trou. Ils avaient le temps, la curiosité, et la capacité de creuser le trou, mais ils se tenaient et ils regardaient.

L'autonomie peut grandir quand on lance le défi a ceux qui reçoivent de faire le plus de planification, de travail et d'exécution possible.

Cela est vrai chez nous aussi.

Quand vous donnez de l'argent a un ami ou à un membre de la famille, essayez de leur demander de faire quelque chose pour l'argent. Peut-être qu'ils peuvent développer un budget de famille, nettoyer leur cuisine, ou vous aider avec des travaux chez vous avant qu'ils puissent recevoir l'argent dont ils ont besoin. Aidez-les à faire tout ce qu'ils peuvent de mériter ou travailler pour le don.

Bien sûr, il y a d'autre choses à considérer quand un inconnu demande de l'argent dans la rue. Je donne rarement de l'argent aux inconnues et je ne ressens pas coupable si je donne du temps et de l'argent a des organisations d'autonomie qui suivent les principes mentionés. Cependant, peut y avoir des moments où vous ressentez le besoin d'aider un inconnu dans le besoin.

Voici des suggestions:

1. Achetez ce pour quoi ils vous demandent au lieu de donner de l'argent. Ça prend plus de temps et plus d'argent d'acheter un repas que de donner des pièces, mais vous saurez que vous leur avez donné ce dont ils avaient besoin.

2. Dans votre tête, donnez un dollar de plus à l'organisation de votre choix. Dans votre tête dites, « Je choisis de donner, mais pas à vous à ce moment »

3. Donnez une carte de coordonnée d'un abri local ou d'un lieu où ils peuvent recevoir de l'aide.

4. Gardez de la nourriture dans votre voiture et donnez leur-en au lieu d'argent.

5. Parfois, donnez-leur de l'argent si vous le pensez bien et qu'il les aidera. Il ne faut pas être cruel, mais sage.

Quand nous vivions au Mexique il y avait des personnes qui venaient à la maison et qui demandaient quelque chose régulièrement. Nous cherchions des moyens pour eux de travailler. Souvent, nous les faisions laver la voiture et nous essayions d'acheter leurs produits s'ils en vendaient.

Quand ils n'avaient pas de produit, ou nous n'avons pas eu de travail, nous leur donnions souvent un petit sac de nourriture que ma femme avait préparé d'avance au lieu d'argent. Cela n'a pas encouragé l'autonomie et cela ne les a pas donnés des revenus non plus. Cela les a donnés à manger pour un jour. C'était notre devoir.

Donc pour réviser, quand vous décidez de donner à un projet ou à une organisation, deux bonnes questions sont :

1. *Est-ce que cette organisation caritative aide les gens a générer leurs propres revenus ?*

2. *Ce don lance-t-il un défi a ceux qui le reçoivent de travailler ou de contribuer à l'amélioration de leur propre cause ?*

PENSEZ À L'AUTONOMIE!

Interweave Solutions est notre ONG que nous avons créé en 2008 pour aider les gens à devenir autonome. Après des années nous avons développé un system qui crée des groupes d'autonomie à travers ce qu'on appelle des Ambassadeurs du Succès.

Nous avons inventé ce modèle il y a des années en Équateur avec plusieurs groupes locaux de L'Église de Jésus-Christ des Saintes des Derniers Jours. Nous avons établi un groupe d'autonomie dans plusieurs de leurs paroisses et avons invité tous les membres d'y assister.

Les groupes d'autonomie ont fourni des projets de service à l'orphelinat, à nettoyer des rues et à faire commencer des entreprises. Les participants ont accompli des buts tel que la meilleur communication en famille, perdre du poids et continuer leur éducation. En plus de renforcer des entreprises actuelles et de commencer leurs propres micro-entreprises,

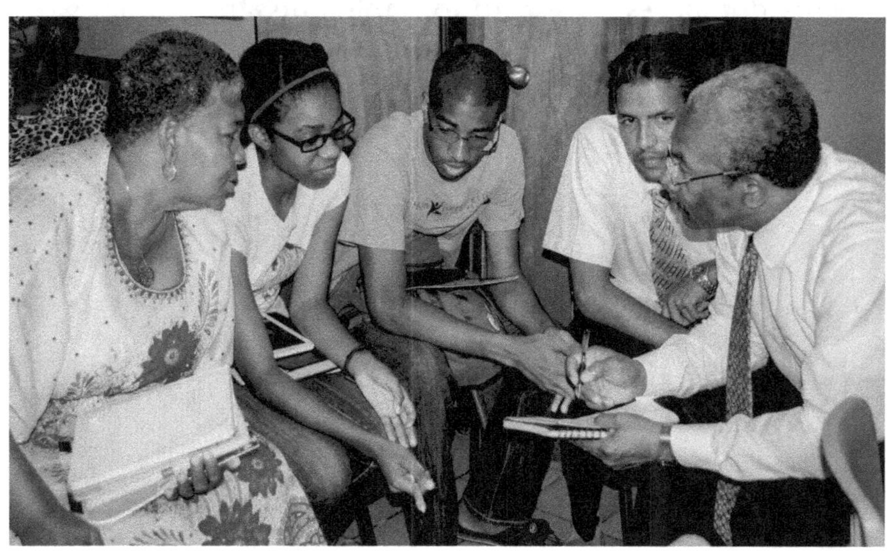

Un groupe d'autonomie de l'église en Guyane

plus de cent nouveaux travails ont été créés et plusieurs ont été partagés avec les membres du groupe.

Interweave a travaillé avec le comité d'autonomie à Salt Lake City, Utah pour aider l'église à développer des ressources qu'ils pourraient utiliser à travers le monde pour établir des groupes d'autonomie. Après des années de collaboration, l'Église de Jésus-Christ des Saintes des Derniers Jours à développé ses propres ressources d'autonomie et offre des groupes d'autonomie a ses milliers de paroisses dans le monde entier. Presque un million de personnes ont participé aux groupes d'autonomie dans des chapelles partout dans le monde.

Nous offrons maintenant le model des groupes d'autonomie MBS à des églises de toutes les dénominations ausi bien que les gouvernements, institutions de micro finance et des voisinages à travers le monde.

Les chapitres suivants expliquent comment le programme MBS fonctionne et comment les gens deviennent les Ambassadeurs du Succès. C'est un exemple puissant des dons qui créent l'autonomie à travers le monde.

LA MAÎTRISE EN COMMERCE DE RUE (MBS)

Deborah, un participant de l'MBS au Congo

Deborah est une des 70% de la population de la République Démocratique du Congo qui souffre du manque de nourriture bien qu'elle ait une micro-entreprise. Elle achète et elle vend du poisson, du charbon et des biscuits. L'entreprise de Deborah fait partie de l'économie inofficielle (on achète et on vend dans la rue et on ne paie pas ses impôts et on n'a ni le soutien du gouvernement ni sa permission.) et c'est seulement un exemple du besoin de penser différemment par rapport à des dons.

Une étude pour *l'Institut pour les Résultats de Développement* définie l'économie inofficielle comme « *compris des gens indépendants qui travaille de leur foyer ou dans la rue. Ils n'ont pas de lieu de commerce officiel ou permanant... Souvent les revenus des travailleurs informels sont bas et imprévisibles. Dans plusieurs pays en développement l'économie inofficielle est le source d'emplois pour autant que 9 sur 10 travailleurs.* » C'est presque 90% de tous ceux qui travaille dans certains pays.

Il y a plus de 2,15 milliards de personnes dans l'économie inofficielle qui essaient de se débrouiller en achetant et en vendant (les micro-entreprise) dans la rue. La plupart n'ont qu'une éducation primaire. D'autres peuvent à peine lire et écrire. Plusieurs travailleurs vivent dans les villages isolés sans accès à une éducation formelle. Ceux dans la ville, souvent n'ont pas accès a une éducation suffisante et encore moins à une formation en commerce.

Comment pouvons-nous encourager la formation utile aux grandes masses dans l'économie inofficielle ? S'ils peuvent réussir dans leur micro-entreprise ils peuvent surmonter leur pauvreté et aider les autres à devenir autonome. Les entreprises qui réussissent créent des emplois.

Il est clair que nous ne parvenons pas à l'économie inofficielle à ce moment.

L'Institut des Résultats de Développement dit aussi « *... l'éducation aux écoles et les programmes de formations **parviennent rarement à l'économie inofficielle**, qui produit un manque de capacité cognitive dans la plupart des travailleurs.* »

En plus des programmes de formation, « *... où ils existent, l'appuis et mis trop souvent sur les compétences techniques sans intégrer des compétences non cognitives. Dans touts les (industries) la capacite de bien s'exprimer, s'organiser, et répondre aux problèmes imprévus est cherché si ce n'est pas requis, en un ouvrier de valeur.* »

L'étude a conclu, « *... les travailleurs qui restent employés d'une manière informelle profiteraient grandement de compétences améliorés dans le commerce et l'entrepreneuriat.* »

Après avoir regardé sur l'internet, j'ai vu beaucoup d'options pour la formation de commerce aux pays développés, mais presque rien pour les entreprises à l'économie informelle.

Il y a une solution : **La Maîtrise en Commerce de Rue (MBS)/ les Groupes d'Autonomie.**

Quand Deborah s'est inscrite pour le groupe d'autonomie d'Interweave, Maîtrise en Commerce de Rue (MBS) au Congo, elle savait qu'elle avait besoin d'obtenir plus de clients pour gagner plus d'argent, mais elle ne savait pas comment le faire.

« Merci pour votre soutien et pour la formation. C'est ma seule source de revenu. Je travaille diligemment, mais j'ai besoin d'aide. »

Une partie de l'aide que Deborah a reçu était la compréhension qu'elle pouvait promouvoir ses biens dans les autres parties de son voisinage. (Promotion, une des six principes de l'entreprise qu'on enseigne dans le programme d'autonomie MBS). Deborah a trouvé des cartons et en a fait des affiches pour promouvoir le poisson et les biscuits qu'elle vendait. Plus de gens sont venu chez elle et elle pouvait acheter du poisson plus frais, qui attirait plus du monde.

Où peut-on trouver un professeur de commerce professionnel qui permettrait ou même enseignerait à quelqu'un de faire un plan de marketing avec des cartons et des feutres ?

Avec le soutien de ses amis dans son groupe d'autonomie MBS d'Interweave, Deborah a pu doubler ses revenus dans quelques semaines. Sa famille a maintenant suffisamment à manger !

Elle a été contactée et formée par les « Ambassadeurs du Succès » Congolais dans l'économie inofficielle pour presque rien, et maintenant elle se rencontre avec un groupe d'entrepreneurs qui répond aux défis de commerce, de foyer et de communauté.

Les groups d'autonomie MBS entremêlent les activités de génération des revenus avec l'action de foyer et de communauté. Il fournit un cadre dans lequel les gens peuvent aider les uns les autres à devenir plus autonome.

QU'EST CE QU'UN GROUP D'AUTONOMIE « MAÎTRISE EN COMMERCE DE RUE » (MBS) ?

Le succès dans les micro-entreprises est souvent lié aux problèmes au foyer et dans la communauté. Si l'entreprise de famille marche bien, mais le père est toujours ivre et boit tous les bénéfices, le succès est insaisissable. Si la micro-entreprise marche bien et la famille travaille ensemble mais il y a du crime dans le voisinage et de la poubelle dans la rue, l'autonomie est difficile. Les gens deviennent plus autonome quand ils entremêlent bien les efforts de commerce, de foyer, et de communauté.

Les gens peuvent avoir leur diplôme de Maîtrise en Commerce de Rue quand ils s'inscriront à un groupe d'autonomie MBS. Ces groupes comprennent d'habitude 5-15 personnes qui ont un désir de devenir autonome. Ils obtiennent l'MBS en participant aux 14 cours hebdomadaires qui sont dirigés par un Am-

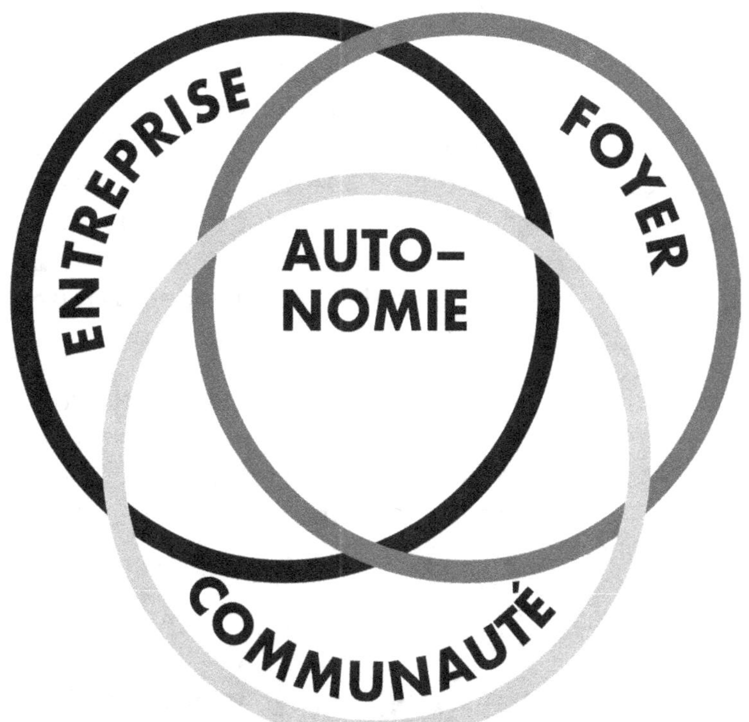

Les trois zones d'autonomie qui s'entremêlent

bassadeur du Succès local. Chaque semaine ils apprennent un nouveau principe de commerce, ils font des engagements hebdomadaires et ils font rapport sur l'implémentation des buts dans la semaine passé concernant leurs entreprises, leurs foyers, et leurs communautés.

Les cours sont organisés comme un conseil dans lequel les membre du groupe discutent des études qui sont tirés de la vie. Ils apprennent les compétences de dirigeant lorsqu'ils discutent comment produire, promouvoir et fixer le prix de leurs propres produits, ou services pour leurs marches locaux. Ils affrontent les défis locaux dans le voisinage et ils développent des solutions. Ils se soutiennent.

Après le cours de 14 semaines, s'ils accomplissent tous les conditions nécessaires et reçoivent l'autorisation d'Interweave, ils reçoivent leur diplôme MBS d'Interweave Solutions. Les diplômés fixent un programme de se rencontrer souvent pour agir comme une chambre de commerce pour le coin afin de répondre aux problèmes de commerce local comme les déchets dans la rue ou les criminels. Ils se tiennent responsable pour les engagements continuels et ils font venir des orateurs et des ressources de la communauté selon leurs besoins.

Puisque le commerce, le foyer et les communautés sont si entremêlé on a besoin de plans dans les trois domaines pour aider une personne à devenir réellement autonome. Un diplômé d'MBS développe et exerce un plan de commerce, de foyer, et de communauté.

Une remise de diplômes MBS a une école vers Otavalo, Équateur

LES 6 P DE L'ENTREPRISE

Malheureusement, les emplois sont difficiles à trouver dans les pays en développement. Il y a quelques grandes entreprises avec des postes officielles qui fournissent des salaires et bénéfices réguliers. Presque une moitié du monde, plus de trois milliards de personnes vivent avec moins de $2.50 par jour comme revenu.

Pour beaucoup de personnes, développer leurs propres revenus est le seul moyen. Cependant, ils ne se voient pas comme des entrepreneurs. Ils essaient simplement de survivre.

> *Je n'ai pas d'entreprise. Je vends des tortillas.*

> *J'ai besoin d'un travail. A ce moment, je peins et je repaire des maisons pour survivre.*

> *Je ne garde pas de registre. Je vends simplement des bananes.*

Un dirigeant d'église au Zimbabwe a révélé que 95 pourcent de sa paroisse n'avait pas de travail officiel. « Ils vivent avec ce qu'ils peuvent vendre dans la rue, ce qu'ils reçoivent de l'église ou en mendiant. Les gens frappent sur ma porte cherchant de l'aide presque toutes les trois heures chaque jour. »

S'il n'y a aucune façon de développer une petite source de revenu, les gens sont obligés de compter sur le gouvernement, les églises, et les autres organisations non gouvernementaux (ONG) pour survivre. Mendier, ou même voler peuvent être des sources de revenu que les gens utilisent s'ils n'ont pas de revenu valable ou consistant. Si un membre de la famille a du succès dans une entreprise, beaucoup des membres de la famille élargie s'attendent d'eux de les soutenir aussi.

Il faut qu'une famille ait une source de revenu afin de devenir autonome et échapper la pauvreté. Pour beaucoup, la réponse et le travail indépendant.

Au début, la formation de commerce d'Interweave se passait en Uganda. Nous avions été demandé de rencontrer un groupe du voisinage à côté de Kampala, vers la rive du Lac Victoria. Notre but était d'enseigner les techniques d'entreprise aux gens.

J'ai révisé mes notes pour ma formation de commerce et je me suis rappelé du programme que j'avais utilisé dans les cours d'Organization Comportementale que j'ai enseigné à l'Université de Nebraska à Kearney. Mon collègue a revisé son material de son MBA a Brigham Young University. Nous avions organisé une présentation de PowerPoint comme support visuel.

Notre ignorance de la culture était bien évidente. Nous nous sommes trouvés dans une structure avec un toit de chaume, des murs en bambou et des fenêtres sans vitres. Pas d'électricité. On devait faire partir les poules des tables, et des bancs en bois étaient coincés dans tous les coins.

L'odeur des cochons, et leur cries venait du fond à moins de dix mètres de là ou ils attendaient l'abattage

Les gens sont venus. Habillées pour un grand évènement, les femmes portait dee belles robes fait à la main qui était réservées pour les grandes occasions. Les hommes étaient tout propre, et ils avaient faim pour l'information qu'ils pourraient recevoir des formateurs éduqués des Etats-Unis.

Beaucoup ne savaient pas lire. D'autres connaissaient seulement l'anglais de base, et c'était une lutte pour eux de comprendre ce que nous disions, et encore plus l'analyse de SWOT ou les matières de planification stratégique que nous avions préparé. Nous étions prêts à présenter un programme de pays industrialisé dans uncadre de classe à un auditoire d'un pays en développement qui pouvait à peine parler l'anglais et n'avait pas d'électricité.

C'était claire que nous n'allions pas les atteindre, et nous ne l'avons pas fait.

Nous avions décidé que nous avions besoin de reformer la façon dont nous enseignons le commerce et l'autonomie aux pays en développement. Comment pourrions nous simplifier les matières compliqués qu'on enseigne aux universités et les programmes MBA à travers le monde ?

L'apprentissage des 6 P en Uganda

Nous avons commencé avec les 6 P.

Nous avons divisé tous les principes essentiels d'entreprise aux six zones focalises que nous appelons **les 6 P de L'entreprise**.

- **Plan**
- **Produit**
- **Processus**
- **Prix**
- **Promotion**
- **Papiers (registres)**

Sous chaque P nous avons choisi cinq ou six principes simples pour guider un nouvel entrepreneur.

Le programme de 6 P est un outile puissant pour enseigner les principes d'entreprise. On n'a pas besoin de technologie et un formateur sans expérience peut l'enseiger. La formation de 6 P permet les groupes d'autonomie MBS de développer leurs revenus en fournissant les principes de commerce dans un format facile à comprendre. La première étape pour développer l'autonomie est d'aider les familles à obtenir des revenus en démarrant ou améliorant leurs propres micro-entreprise, surtout dans les régions ou il y a peu d'emplois officiels.

Des milliers de personnes à travers le monde ont utilisé les 6 P de l'Entreprise dans leurs micro-entreprises.

> *« Je garde des registres pour la première fois. »*

> *« J'ai un plan de promotion et il marche ! »*

> *« Finalement je fais grandir mon entreprise au lieu de simplement survivre ! »*

Les 6 P ont aidé les gens à travers le monde à simplifier le monde compliqué du commerce et d'implémenter des principes de commerce simple et valable.

Une étude que nous avons fait en Uganda a rapporté une croissance de 64% de revenu pour ceux qui ont participé au programme de 6 P d'Interweave.

LA QUALITÉ DE VIE AU FOYER

La deuxième zone pour obtenir l'autonomie est d'améliorer la qualité de vie au foyer. J'étais intimidé lorsque je suis venu a une maison en paille au Mexique central en recherche de Miguel Hernandez (le nom a été change). J'avais entendu qu'il avait eu du succès comme homme d'affaire à son époque. Il aavait organisé la population locale sur une petite montagne au Mexique. Il avait une grande famille qui a beaucoup contribué au village.

La maison comprenait trois salles en paille, couvertes de toits de chaume, des plantes de bananes locales. On cuisinait au feu qui était en plain air, au centre des trois structures en paille. Sa femme, Maria, se tenait ver le feu en train de faire des tortillas ; elle les plaçait dans une poêle chauffée par le feu de bois qu'elle avait rassemblé plus tôt dans la journée.

Elle était timide et retenue. Je l'ai demandé si Miguel était à la maison, et avec la peur aux yeux elle a murmuré, « J'espère que non »

C'était Dimanche matin et Samedi soir avait été difficile pour tout le monde. Miguel avait bu encore et apparemment il avait été violent en rentrant. Maria préparait le petit déjeuner pour les enfants qui restaient au foyer, mais quand j'ai examiné de plus près, j'ai vu qu'elle avait des contusions et d'autre signes d'abus.

« Nous avons tous peur de lui, » elle a chouchouté. « Nous ne pouvons rien faire sans peur de sa vengeance et sa colère. Si vous le trouvez, il sera à un bar ou chez une autre femme. »

Miguel avait eu du succès comme homme d'affaire. Tout cela avait été perdu, et maintenant sa famille vivait dans la peur et dans la pauvreté, et il était un homme cassé.

Si on gagne un revenu et on le gaspille en achetant de l'alcool, on ne donne pas de l'éducation a ses enfants, ou si on abuse sa famille, enfin, la famille sera en pauvreté et sera dépendant de la merci des autres.

La réduction de pauvreté et l'autonomie viennent quand la personne et la famille fixent et accomplissent des buts personnels et familiales.

CRÉER L'EQUILIBRE DANS NOS VIES

- Qu'est-ce que vous voyez dans cette image ?

- Pourquoi le garçon est-il frustré ?

- Seriez-vous aussi frustré dans une situation semblable ?

- Etiez-vous jamais dans une telle situation ?

- Pouvez-vous le partager avec le groupe ?

Comme le garçon avec la roue carré, on pourrait devenir frustré si sa vie n'est pas complète.

Cette série de questions que vous voyez au-dessus est l'introduction ou les membres du groupe d'autonomie MBS discutent de leurs propres qualités de vie. C'est intéressant d'écouter tandis que les personnes parlent des défis avec les relations en famille, la manque de capacité de lire, ou la lute avec l'alcool. Quelques-unes parlent de perdre du poids ou faire l'exercice

Faire une Roue Qualité de Vie

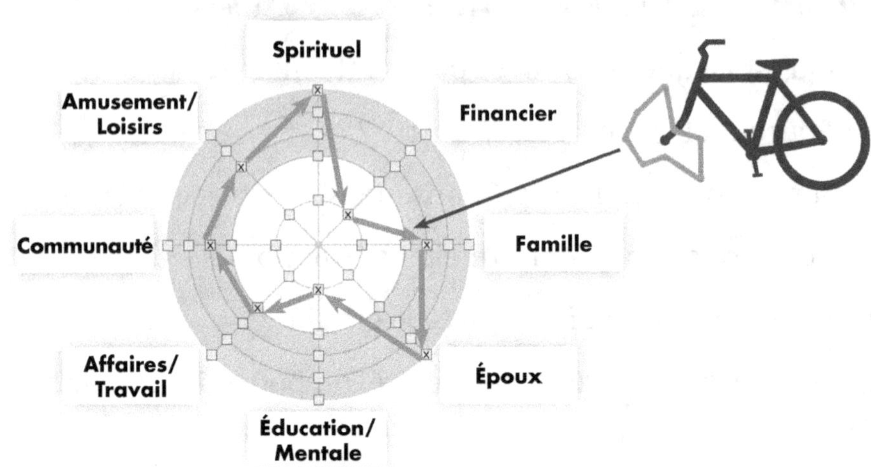

Roue de Qualité de Vie | La vie est-elle en équilibre ?

régulièrement. Les participants identifient huit zones de vie dans laquelle une personne peut considérer l'amélioration et puis ils se classent dans chaque zone.

Un grade ver le centre du cercle veut dire qu'on peut s'améliorer. Marquer le point vers l'extérieur du cercle veut dire qu'ils ont du succès dans cette zone.

Puis, nous les demandons de connecter les points. Les points connectées créent un cercle asymétrique, comme dans cet exemple. Le cercle malformé représente le déséquilibre qu'une personne peut avoir dans sa vie. Nous comparons les cercles malformés au garçon avec le tricycle à roue carré et invitons les membres à fixer des buts a court termes et a longs termes pour améliorer l'équilibre dans leurs vies.

Rodrigo était un membre d'un groupe d'autonomie à Quito, Équateur. Il a fait démarrer des entreprises différentes pendant sa vie. Pendant qu'il faisait son plan de Qualité de Vie il a listé la santé comme une des zones dans sa vie qu'il voulait améliorer. Il avait un problème avec l'alcool et il s'est rendu compte que ce n'était pas important qu'il avait le succès en commerce s'il gaspillait tout son argent et son temps en buvant. Lui et sa femme était séparés et il savait que l'alcool avait détruit son mariage. Il a décidé de chercher de l'aide cette semaine là afin d'arrêter de boire a jamais.

Chaque semaine il a fixé un nouveau but a court terme pour l'aider à surmonter la dépendance à l'alcool. Il n'irait pas au bar avec ses amis cette semaine, ou assisterait à l'église Dimanche. Il avait un groupe pour le soutenir et pour lui demander comment il allait chaque semaine. Travaillant avec le groupe sur ses buts personnels, Rodrigo a pu affronter la vraie cause de sa pauvreté et de réparer son mariage dans le processus.

Quelques membres des groupes choisissent d'améliorer leur alphabétisation ; d'autres travaille sur les zones physiques de leurs vies. Beaucoup fixent des buts de mieux communiquer au foyer et d'améliorer leur éducation.

Lorsque les gens fixent des buts personnels, ils commencent à se focaliser sur une vie équilibrée et non seulement comment gagner plus d'argent. L'autonomie vient quand les membres d'un groupe aident les uns les autres dans toutes les trois zones de commerce, de foyer, et de communauté. Les plans de foyer et de vie sont une partie importante de ce processus.

DES CENTAINES DE PROJETS DE SERVICE COMMUNAUTAIRE

Dans les montagnes d'Équateur qui entourent le beau capital de Quito, il y a un jardin. Ce jardin était autrefois un champ où la mauvaise herbe poussait et où les déchets venant de la communauté avaient accumulés. La propriétaire, Gabriella, était une femme accablée qui n'avait ni le temps, ni la connaissance, ni la capacité de de nettoyer ou planter le champ.

Elle s'est inscrite à un groupe d'autonomie MBS. Après quelques réunions, les membres ont discuté le besoin pour les occasions de faire des projets a l'intérêt de la communauté. Ils se sont rendu compte que l'autonomie ne viendra que s'ils commenceront à répondre à leurs propres problèmes comme une communauté. Pendant cette réunion, ils ont fait une liste des problèmes qui étaient importants pour la communauté à résoudre. Ils ont discuté des déchets dans la rue, des enfants affamés qui mendiaient dans la place à côté, des problèmes d'alphabétisation et de la pauvreté.

Tout d'un coup, Gabriella a parlé. Elle avait de la terre. Si le groupe d'autonomie voulait l'utiliser, il pourrait faire pousser de la nourriture et la partager avec l'orphelinat locale. L'idée a commencé à prendre forme et avant la fin de la nuit, les membres avaient décidé sur un plan de service a l'intérêt de la communauté avec les dates et les heures spécifiques de se rassembler, de planter, et de s'occuper du jardin.

Ils ont eu du succès, et six mois plus tard ils ont eu une récolte productive qu'ils ont partagé avec ceux qui avaient participé au travail, en plus d'une partie considérable de la nourriture qu'ils ont donné à l'orphelinat local.

Beaucoup de problèmes sociaux doivent être résolus localement. Les ONGs Internationaux peuvent planifier de loin d'envoyer de la nourriture, de faire bâtir des écoles, de résoudre la malaria, mais le vrai succès vient quand les gens locaux découvrent leurs propres défis et travaillent ensemble d'affronter ces défis.

J'ai vu beaucoup de pompes à eau en Afrique qui sont cassées et abandonnées, à côté de personnes qui les passent pour aller à un ruisseau des kilomètres plus loin. Quand je les demande pourquoi ils n'utilisent pas le puits, ils expliquent simplement qu'il ne marche pas. Les étrangers sont venus, ils ont creusé un puits et ils sont parti. Il a marché pour un moment, et puis il s'est cassé.

« Nous ne savons pas comment le reparer, » disent-ils. « Nous ne l'avons pas construit, » et « Nous ne savons pas qui en est responsable »

L'attitude des gens dans les autres communautés est de faire paraître aux étrangers d'être pauvre et sans défense, afin que les ONGs internationaux verront qu'ils ont besoin d'un puits (école, pont, l'aide dentaire) plus que les autres communautés.

La chance et l'espoir pour l'intervention international n'est pas le moyen de créer l'autonomie. Les idées et les plans doivent venir des membres de la communauté. Quand ils se forment en groupes pour discuter les problèmes locaux, le besoin pour un école ou un puits, ils peuvent travailler pour l'accomplir.

Quand ils creusent leur propre puits ou construisent leur propre école ensemble, on peut mieux ressentir autonomie. S'ils n'ont pas l'argent ou la connaissance dont ils ont besoin d'accomplir leur but, alors ils apprennent. Ils posent des questions, ils économisent de l'argent, ils offrent leur travail, et ils contactent les ressources. Ils font tous qu'ils peuvent pour s'aider et répondre à leurs propres problèmes.

S'ils ont la chance de s'associer avec une ONG, ils auront déjà l'organisation et le plan d'entretenir le puits ou l'école quand il est construit.

Les projets de serviec communautaire qui sont générés par les personnes du coin sont des façons puissantes de faire croître l'autonomie et de réduire la pauvreté.

Les problèmes de communauté peuvent boucher le succès des micro-entreprises ou les buts en vue de la qualité de vie. À Marimba Park, une région humble à l'expérieur de Harare au Zimbabwe, il y a une école primaire qui sert la communauté. Il y a beaucoup de terre autour du bâtiment, qui le font un bon lieu pour les enfants de jouer. Voici le problème.

La terre est couverte par l'herbe. L'école n'a pas de tondeuse pour tondre l'herbe alors elle continue à pousser. L'herbe est amusante pour les enfants, mais c'est aussi un lieu où les serpents prospèrent.

Projet de Service Communautaire au Zimbabwe
Tondre la Mauvaise Herbe Autour de l'Ecole

Les parents, souciant du danger des serpents, étaient hésitants d'envoyer leurs enfants à l'école. Cela à empêché leur capacité de gérer leurs entreprises et d'accomplir le but d'éduquer leurs enfants.

Dans une réunion d'autonomie MBS, les membres ont identifié le problème et ils ont trouvé une solution. Un samedi matin, avant leur formation en groupe des 6 P del'Entreprise, ils se sont mis en T-shirts accordants, ils ont marché un kilomètre d'où ils se réunissaient à l'école primaire, et ils ont attaqué la mauvaise herbe.

Chaque parent avait un tailladeur, un petit outile comme un club de golf avec un faucille attaché au bout au lieu d'une pièce de fer. Ils ont coupé pendant une heure jusqu'à ce que l'herbe soit tondu et ils sont retourné à leur réunion et ils ont commencé à s'enseigner sur les techniques d'entreprise.

Souvent, les gens dans les pays en développement ne peuvent pas compter sur les services locaux de communauté. Les déchets, les lampes de rue, et la protection de police sont parmi les problèmes qui peuvent toucher la qualité de vie et le succès des entrepreneurs. Quand une communauté est enseigné d'être autonome et reçoit le structure et le soutien de le faire arriver, les citoyens peuvent répondre à beaucoup de leurs problèmes locaux.

Par exemple, Marie a assisté à un groupe d'autonomie à Kinshasa, Congo. Elle espérait de faire grandir son entreprise ou elle vendait des céréales. Marie a eu du succès en appliquant les 6 P de l'Entreprise. Elle a même ajouté le service traiteur à son entreprise. Ses revenus ont augmenté. Elle a trouvé que d'augmenter ses bénéfices n'était pas suffisant. Elle se souciait des orphelins qui vivaient dans la rue dans sa communauté. Elle a pris ses bénéfices et avec les personnes de sa communauté, elle a créé un orphelinat et une école pour les enfants qu'elle a vu dans la rue. Marie vit dans l'autonomie ou ses entreprises prospèrent, sa vie personnelle et heureuse et les orphelins dans sa communauté ont un lieu de dormir, manger et recevoir une éducation.

L'autonomie arrive quand les bonnes personnes (riche ou pauvre) font tout ce qu'ils peuvent pour répondre à leurs propres problèmes. Afin de faire cela la communauté doit se réunir et discuter des problèmes locaux. Les groupes d'autonomie MBS facilitent cette collaboration en encourageant les gens à créer et à mettre en pratique les plans dans leurs entreprises, leurs foyers, et leurs communautés.

On peut avoir l'autonomie quand les individus et leurs communautés s'unissent pour s'enseigner les techniques de commerce, et de s'aider à fixer des buts personnels a courts termes et a longs termes et de travailler ensemble à résoudre des problèmes de communauté.

LES AMBASSADEURS DU SUCCÈS

Nous faisons avancer les gens de la pauvreté a la prospérité par des groupes d'autonomie MBS de quartier.

—Déclaration de Mission d'Interweave Solutions

Les groupes d'autonomie MBS transforment la façon dont le monde lutte contre la pauvreté. Grace à ces groupes, des millions de personnes obtiendront de meilleures entreprises, amélioreront leurs foyers et leurs communautés.

—Déclaration de Vision d'Interweave Solutions

Notre vision est d'avoir des millions de personnes qui obtiennent un diplôme MBS et de faire partie d'un groupe d'autonomie MBS. Cela n'est que possible si des milliers de personnes savent animer des groupes d'autonomie MBS. Nous l'accomplissons avec les Ambassadeurs du Succès.

Les Ambassadeurs du Succès sont les personnes motivés qui veulent démarrer leurs propres entreprises de formation dans leur région. Ils deviennent des Ambassadeurs du Succès après avoir passé deux courses en ligne: le cour MBS complet, et le cour d'Ambassadeur du Succès. A travers ce processus ils apprennent comment créer des groupes d'autonomie MBS.

Au début on a créé le programme pour les propriétaires des micro-entreprises qui savent se débrouiller mais n'ont jamais reçu de l'éducation officielle. Cependant, nous avons trouvé que les entrepreneurs et des étudiants de tous les âges peuvent profiter quand ils reçoivent un diplôme MBS et ils font partie d'un groupe d'autonomie MBS. Wayne Barrow est un ambassadeur du Succès en Guyane. Interweave l'a embauché comme consultant pendant l'implémentation des groupes d'autonomie pour une église en Guyane. Quand nous allions quitter le coin, il était sur point d'être encore au chômage. Nous l'avons demandé s'il voulait prendre contact avec d'autres églises, des agences gouvernementaux et des ONGs pour voir s'ils s'intéresseraient à offrir des groupes d'autonomie MBS aux gens dans leurs organisations.

Wayne a pris contact avec plusieurs personnes et enfin il a pu établir le contact avec la première dame de Guyane qui voulait fournir un service à leur pays. Elle a embauché Wayne d'offrir le programme d'Interweave aux gens partout en Guyane. Maintenant, il est payé pour mettre en place les groupes d'autonomie MBS d'Interweave. L'administration de micro-entreprises de Guyane a vu son travail et ils ont signé un contrat avec lui. Il n'est pas un employé d'Interweave. Il est chef d'une entreprise qui forme les gens à démarrer et à faire grandir leurs entreprises et devenir plus autonome.

Chio, un Ambassadeur du Succès en Quito, Équateur a formé des institutions de Microfinance, des agences gouvernementaux et des églises du coin à créer des groupes d'autonomie MBS et à recevoir les diplômes MBS. Elle a sa propre entreprise et elle offre les diplômes MBS comme produit. Elle est une Ambassadeur dU Succès certifié, elle a l'autorité d'imprimer et d'offrir le programme MBS. Elle devient plus autonome lorsqu'elle aide les autres.

Jasmina de Cartagena, Columbia, est instructrice a une école locale dans un quartier pauvre. Son mari l'a abandonné et elle a besoin de revenu supplémentaire pour élever ses enfants. Comme Ambassadeur du Succès, elle enseigne le programme MBS aux parents de ses éleves et elle est payée par une organisation qui s'est engagée à améliorer l'éducation des gens dans la région. Jasmina a du revenu supplémentaire, et les parents peuvent démarrer et faire grandir leurs entreprises, qui les aide à payer l'éducation de leurs enfants. En plus, l'organisation peut accomplir son but d'améliorer l'éducation des parents et des enfants !

Les Ambassadeur du Succès sont les gens qui veulent aider leurs communautés, et au même temps gagner de l'argent en donnant les cours d'autonomie MBS aux individus ou aux organisations qui veulent démarrer ou faire leurs participants démarrer leurs propres micro-entreprises.

Une Conférence des Ambassadeur du Succès en Amérique du Sud

LES AMBASSADEURS DU SUCCÈS COMME MODÈLE DE COMMERCE

Quand des gens locales motivés deviennent des Ambassadeurs du Succès ils peuvent faire payer aux autres pour le diplôme MBS et l'offrir aux églises, aux gouvernements, aux ONGs, aux institutions de finance ou à des voisins. Des gens facilitent des groupes d'autonomie MBS a temps partiel afin de supplémenter leurs revenus et d'autres le font comme travail à plein temps.

Les Ambassadeurs du Succès offrent l'MBS à leurs communautés et demandent de compensation égale à ce que le marché payera. Le prix est différent d'une région a une autre.

Jasmin de Soacha, Columbia une communauté assez pauvre vers Bogota a demandé \$15 pour un groupe local qu'elle a organisé avec ses voisins. Alex, un Ambassadeur du Succès en Quito, Équateur a fait les membres de groupe payer \$40 pour un cour d'MBS. Le prix dépende du marché local et cela varie autour du monde.

Les Ambassadeurs du Succès sont équipés d'une formation, d'un programme et d'une certification d'Interweave Solutions, une ONG internationale. On n'a pas besoin de bureau parce que l'Ambassadeur ira aux gens ou aux organisations au lieu des personnes qui viennent à un bureau central. Les Ambassadeurs du Succès donnent de leurs temps et ont un effet considérable en organisant leurs propres entreprises et en aidant les autres à faire pareil.

Parfois les Ambassadeurs du Succès reçoivent d'Interweave un don pour les aider à imprimer les matériaux, organiser leur entreprise selon les lois du pays ou à se déplacer. Notre but est que les Ambassadeurs du Succès soient autonomes en créant une entreprise ou une organisation qui aide les autres à devenir autonome.

Les Ambassadeurs du Succès peuvent êtres des employés d'une église, une école, une agence gouvernementale ou une ONG. L'organisation fait un contrat avec un Ambassadeur du Succès d'Interweave pour former leur personnel. Leur personnel obtient leur MBS et puis ils peuvent devenir des Ambassadeurs du Succès. L'agence peut ensuit offrir le programme MBS dans leur région locale.

Pour commencer un groupe MBS, l'Ambassadeur du Succès travaille avec une organisation qui annonce le programme à ses membres. Elle explique qu'un groupe se forme pour aider quiconque veut démarrer or améliorer leur micro-entreprise et d'avoir plus de succès dans leur vie.

Tous ceux qui sont intéressés dans cette organisation ou voisinage se réunissent et on leur explique le model d'autonomie MBS d'Interweave. Ils sont invités aux réunions de groupe qui ont lieu deux fois par semaine pour obtenir leur Maîtrise en Commerce de Rue (MBS). L'Ambassadeur du Succès fixe les jours et les heures pour toutes les organisations ou les groupes qui participent.

C'est plus qu'un cours. C'est un engagement d'améliorer une entreprise, un foyer et une communauté. Le but est d'aider les personnes à faire des changements.

Après trois ou cinq réunions, le groupe saura quels membres assistent régulièrement et qui peuvent être les dirigeants. Dans une des réunions, les membres font une élection des dirigeants de groupe pour aider à planifier et à organiser et un jour à enseigner les matières et à maintenir les réunions en groupe.

L'Ambassadeur commence à conseiller les dirigeants de groupe. Les groupes décident les sujets à discuter et ils organisent les projets de service communautaire. L'Ambassadeur et les dirigeants de groupe commencent à identifier les gens qui peuvent fournir des idées et la formation dans le groupe. Le programme est partagé avec le groupe, et les membres du groupe commencent à enseigner les leçons, diriger les discutions, et décider les efforts futurs du groupe tout en obtenant le diplôme MBS.

Après avoir reçu le diplôme MBS, les groupes continuent à fonctionner tout seuls. L'organisation ou voisinage a son propre groupe d'autonomie avec des diplômés de l'MBS. L'Ambassadeur du Succès continue à rendre visite chaque mois et puis tous les trois mois pour regarder le progrès des groupes. Maintenant l'organisation est autonome et elle aide ses membres. Elle n'attend pas qu'une agence ou que le gouvernement trouvent une solution a ses problèmes. La congrégation ou l'organisation a la structure et capacité de se débrouiller tout seul.

Les Ambassadeurs du Succès ont établi les groupes d'autonomie MBS avec des églises, des écoles, des instituions de microfinance, des agences gouvernementaux, des centres de réhabilitation et même des entreprises qui veulent que leurs employés soient entrepreneur et vendent leurs produits. Les groupes d'autonomie marchent. Dans une étude les participants ont dit :

- 64% augmentation de revenu
- 64% augmentation d'économies personnel
- 73% amélioration de vie en foyer
- 74% amélioration dans la qualité de vie

Les Ambassadeurs du Succès peuvent utiliser le programme d'autonomie MBS pour fournir un système pour que les gens puissent s'aider eux-mêmes. Avec un programme testé et un cadre de groupe dans lequel les gens peuvent se conseiller pour répondre a des problèmes personnel et régional, l'Ambassadeur du Succès gagne de l'argent pendant qu'il aide son pays petit à petit.

Un cours MBS dans la rue en Équateur

LA CONNAISSANCE D'ABORD ; ET ENSUITE L'ARGENT

Une des questions nous entendons le plus est, « Est-ce que vous offrez des prêts ? Je ne peux pas démarrer mon entreprise si je n'ai pas d'argent. »

Après des années, notre expérience nous dit que l'argent ne doit pas venir en premier. Afin d'avoir du succès, l'entreprise vient en premier.

LA LANGUE DU COMMERCE

En 2010 j'ai rendu visite a un groupe de gens qui s'intéressait à démarrer une entreprise en Zimbabwe. Quand ils ont entendu qu'un American venait ils auraient dû supposer que j'amenais de l'argent, parce que dès que nous avons commencé la réunion, ils me présentaient leurs plans d'entreprise.

Il y avait à peu près vingt idées différentes. D'une entreprise de taxi à des restaurants, des agences de voyage aux services de fumigation. Ils demandaient des milliers de dollars pour acheter des voitures, équiper les restaurants et fournir tout l'argent pour démarrer leurs entreprises.

Ils étaient d'excellents plans d'entreprise. Leurs propositions étaient dactylographiées et ils utilisaient correctement le jargon : part du marché, projection financière, forces, faiblesses, analyse des opportunités et des menaces, etc. C'était probable qu'ils avaient pris des cours sur les plans d'entreprise. Certaines était probablement écrit par un professionnel.

« Pouvez-vous me montrer vos registres, vos comptes de résultats et vos projections financières ? » Je leur ai demandé.

« Savez-vous comment améliorer votre part du marché ou travailler avec des employés ? »

Quand je leur ai demandé s'ils avaient de l'expérience en gestion d'une entreprise ou s'ils avaient investi leurs temps ou leur argent en expérimentant sur leurs idées, ils m'ont dit non.

« Nous n'avons pas d'argent. Nous ne pouvons pas démarrer une entreprise. Donnez-nous de l'argent et nous apprendrons comment gérer une entreprise. »

J'ai répondu, « Si vous voulez parler d'argent vous avez besoin de connaître la langue de l'argent. Montrez-moi vos comptes de résultats pour les six derniers mois ; montrez-moi vous projections financières pour l'année qui vient. Montrez-moi vos plans d'amélioration des systèmes (processus), vos prix et vos idées de promotion et vos innovations des produits »

Même s'ils peuvent montrer leurs registres pour une entreprise de chewing gum ou un étal de banane, ça montre à l'investisseur que le propriétaire potentiel d'entreprise connaît les concepts et qu'il pourrait être apte à obtenir un prêt.

J'ai rendu visite à un propriétaire d'un pressing au Congo qui a dit qu'il avait besoin de plus d'argent. Quand je suis entré dans son magasin, il était salle et les vêtements était empilés sur le sol.

Je lui ai demandé à propos de son processus pour prendre des clients et pour marquer les vêtements. Il n'en avait pas.

J'ai demandé de voir ses registres. Il n'en avait pas.

Je lui ai demandé s'il avait un plan de promotion pour ses clients loyaux ou des nouveaux clients. Il n'en avait pas.

J'ai demandé comment il avait choisi ses prix et ce que la compétition avait comme prix. Il ne savait pas.

Je lui ai demandé comment il dépenserait l'argent s'il recevait le prêt. Il n'était pas sûr.

C'était clair pour moi que cette personne n'avait pas besoin de plus de dette. Avant qu'il applique les 6 P (Plan, Produit, Processus, Prix, Promotion et Papier [Registres]) dans son entreprise, plus d'argent servirait comme un masque pour les problèmes qu'il avait déjà. S'il pouvait améliorer les 6 P dans son entreprise il n'aurait peut-être pas besoin de prêt du tout.

Si un propriétaire de micro-entreprise peut parler la langue de l'argent, a de l'expérience et sait quels actifs productifs le prêt achètera, alors, peut-être qu'il est apte à obtenir un prêt. Si non, ils ont besoin de la formation MBS d'abord.

En tant qu'investisseur potentiel, je ne risquerais pas mon argent sur une personne qui n'a pas de connaissance des principes de base du commerce. Il est facile d'écrire un plan d'entreprise. Il est plus difficile d'avoir de l'expérience. Ils ont besoin des deux.

La connaissance et l'expérience du commerce vient avant les dettes et les prêts, pas dans l'autre sens.

Maria fait des sous-vêtements d'enfants depuis quinze ans. Elle a deux machines à coudre dans une salle au fond de l'humble foyer de sa famille en Quito, Équateur. Ça fait quinze ans que Maria se bat pour avoir assez de tissu pour s'avancer. Avec le peu qu'elle gagne, elle achète une petite quantité de tissu, elle fait des vêtements, elle les vend, et elle achète un peu plus de tissu pour répéter le processus.

Maria ne gardait jamais de registres non plus. Si elle vendait un sous-vêtement et si elle avait de l'argent dans sa poche, c'était de l'argent disponible. Si les enfants voulaient des fournitures scolaire ou avaient besoin de nourriture elle utilisait n'importe quel argent qu'elle avait. Elle n'était jamais sure combien d'argent elle gagnait et ne semblait jamais faire du progrès .

Et puis Maria s'est inscrit à un groupe d'autonomie MBS. Pour la première fois en quinze ans, elle a commencé à registrer ses revenus et ses dépenses. Elle a séparé l'argent de son entreprise de son argent personnel, et elle a commencé à donner une marque a ses produits. Maria ne vendait plus de sous-vêtements ; elle vendait les sous-vêtements « Daisy » pour les femmes et les sous-vêtements « Tom Steel » pour les hommes. La demande a commencé à croître.

Maria était dans une position de faire grandir l'entreprise, mais elle avait besoin d'argent. Avec un prêt, elle pourrait acheter plus de tissu moins cher, acheter des étiquettes pour ses vêtements, et les mettre dans des cartons au lieu de sacs en plastique. Elle avait besoin d'argent, et elle était prête à en investir. Elle a obtenu un prêt d'une institution de microfinance.

Quand les prêts et le financement sont justifiés, ils viennent après la formation MBS des 6 P. Un des unités du cours MBS est de connaître les quatre directives pour obtenir un prêt : les **termes** du prêt, la **somme** correcte pour mettre en oeuvre un plan spécifique, la **motivation** pour le prêt et le **timing** du prêt. Beaucoup de personnes qui commencent l'MBS disent qu'ils ont besoin d'argent, ils terminent le cours décidant qu'ils peuvent faire grandir leur entreprise d'une meilleure façon que d'accumuler plus de dettes.

L'OBTENTION DE CRÉDIT

Un des plus grands défis qui vient avec le développement de micro-entreprises est comment obtenir l'argent pour démarrer ou faire grandir l'entreprise quand ils sont aptes à obtenir un prêt.

Les banques, surtout dans les pays en développement, ne font pas les prêts de micro-entreprise. Ils requissent une entreprise déjà établie avec les déclarations des bénéfices et des pertes, les garanties, et des années de succès. Les gens sans des registres, la formation, ou les biens officielle ne sont pas capable de recevoir un emprunt d'une banque traditionnelle.

Dans les dernier trente ans, une autre institution financière a émergé qui s'appelle une institution de microfinance ou IMF. Ayant reconnu le besoin pour les prêts plus petit aux nouveaux individus, les IMF sont organisées pour donner des micro-prêts.

Il y a des milliers d'IMF dans le monde. Presque toutes les regions du monde ont accès a au moins une. Dans la plupart des régions du monde, il y a de la compétition pour les meilleurs prêts disponible. Chaque IMF a ses propres taux d'intérêt, frais, et plan de remboursement. Chaqu'une a son propre système de comment elle utilise les groupes ou comment elle utilise les garanties et les réputations de bon payeur. Comprendre la structure des IMF disponibles est une partie importante d'aider les gens à devenir autonome.

Une fois qu'une personne a un diplôme MBS, leur première étape d'obtenir de l'argent est de connaitre les IMF de la région et de les évaluer. Les Ambassadeurs du Succès d'Interweave forment le groupe à étudier chaque IMF et d'essayer de faire une relation avec une ou deux qui peuvent aider les individus du groupe. Bien sûr, les membres du groupe doivent avoir un plan de 6 P et ils doivent aussi analyser les quatre recommandations pour dette d'entreprise.

L'IMF peut venir au groupe ou vice versa, mais quand les diplômés du MBS parlent à l'institution financière, ils connaissent le langage du commerce et ils sont conscient des termes, la somme, les motivations et le timing du prêt.

Souvenez-vous, la formation vient d'abord et l'argent viens après, et pas dans l'autre sens.

Les gens avec un diplôme MBS sont dans une meilleure position d'obtenir un prêt, s'ils en ont vraiment besoin.

S'ILS NE PEUVENT PAS LIRE OU PARLER LA LANGUE ?

Anita est une coutrière douée et une mère de cinq enfants. Elle et son mari gagnent leurs vies en cultivant et en coudrant dans les montagnes de Chiapas, Mexique. Sa langue maternelle est Tzotzil et elle lutte pour parler la langue officielle du Mexique, l'Espagnole. Ils font partie des 14 millions de personnes indigènes au Mexique qui ont du mal à lire, à parler, et à écrire en Espagnole.

Aux Etats Unis plus de 60 millions de personnes, 20% des foyers, ne parlent pas l'anglais comme langue principale à la maison. Autour du monde, des centaines de millions de personnes compétent essaient de travailler sans pouvoir lire ou parler la langue principale du pays.

Alors comment offrir le MBS à eux?

C'est plus difficile de démarrer une entreprise quand une personne ne peut pas lire ou parler la langue principale du pays. Pourtant, il n'est peut-être pas impossible pour cette personne de trouver d'emploi officielle et les achats et les ventes dans la rue sont la seule option. C'est une des raisons que nous voyons des gens qui vend des bon bons dans les bus et les trains, les jongleurs et les vendeurs de chewing gum aux coins de la rue. Ils font partie de l'économie inofficielle pour survivre.

Un groupe d'autonomie et un diplôme MBS leur donneraient la capacite d'améliorer leurs entreprises de rue, d'avoir un groupe de soutien, d'apprendre comment rendre leur entreprise légal et d'améliorer leurs foyers et leurs communautés.

Afin de parvenir aux gens qui ne lisent pas ou ne parlent pas la langue principale du pays, Interweave a créé des matériaux en

Anglais et en Espagnole (et bientôt dans plus de langues), pour les aider à apprendre ces langues. Au même temps, ils peuvent démarrer ou améliorer une entreprise simple pour qu'ils puissent enfin obtenir un diplôme MBS et devenir autonome.

Les ABC's du Commerce en Anglais et en Espagnole

Les ABC's du Commerce en Anglais et en Espagnole enseigne à lire et à parler en Anglais ou en Espagnole d'un niveau de base. C'est pour les réfugiés ou ceux qui apprennent l'Anglais ou l'Espagnole comme deuxième langue qui doivent enfin lire la langue principale pour démarrer une entreprise.

Au lieu de dire A comme Alphabet et B comme Banane, ce programme enseigne le vocabulaire du commerce. A comme Acheter et B comme Budget. Ils discutent les principes de la lecture dans un cadre de commerce.

Ces outils ont été écrit pour aider ceux qui ont besoin de se mettre à parler l'anglais ou l'espagnole comme langue de commerce. Il discute les 6 P de l'Entreprise d'une façon simple afin qu'ils puissent apprendre à parler la langue tandis qu'ils répètent les principes de commerce.

Nous avons utilisé ce programme avec un groupe de personnes arabophones qui ne parlaient pas l'anglais à Salt Lake City. Ils ont pratiqué l'anglais en travaillant sur leurs entreprises. Plusieurs ont démarré de nouvelles entreprises et encore plus ont gagné la confiance de chercher un travail. Ils ont fixé des buts et ils ont commencé à apprendre les 6 P de l'Entreprise.

L'Anglais pour la Réussite Commercial !
Et l'Espagnole pour la Réussite Commercial !

Dès qu'ils ont utilisé ces outils, ils sont près à commencer le programme MBS. Ils ont un vocabulaire suffisant pour discuter les principes du commerce. Ils sont prêts à apprendre comment démarrer et faire grandir leurs propres entreprises.

Ces outils continuent de réussir en Uganda et on les met à l'épreuve actuellement en Chiapas, Mexique et dans les groupes réfugiés de Salt Lake City.

ET MAINTENANT ?

Nous vous encourageons de donner. Soyez généreux. Mais pour au moins une partie de vos dons, pensez à donner à l'autonomie.

InterweaveSolutions.org est engagé à aider les gens à devenir autonome en trouvant, en formant et en soutenant les Ambassadeurs du Succès. Il y a des Ambassadeurs du succès autour du monde qui facilitent les groupes d'autonomie MBS. Dans ces groupes des centaines de personnes développent leurs entreprises, leurs foyers et leurs communautés. Nous voudrions qu'il soit un million de personnes dans les sept prochains ans.

Les coiffeurs, les artisans, les jardiniers, les propriétaires de magasin, les coutriers et encore plus ont augmenté leur revenu en apprenant et en enseignant les 6 P de l'Entreprise. Les registres, les plans de promotion, les idées de marque et les plans de prix ont été tous mis en place. Beaucoup se sont enseignés. Leurs cours continuent dans la communauté.

Les buts personnels se fixe. Les gens arrêtent de boire, ils assistent à l'église, et ils se réconcilient auprès de leurs épouses. Les gens épargnent de l'argent pour la première fois et gardent des budgets personnels. Les groupes aident les individus à améliorer leurs propres entreprises, maisons, et communautés.

Les projets de service à la communauté ont inclus tuer des serpents et tondre l'herbe en Zimbabwe et les visites à une maison de persnnes âgées en Équateur. Des orphelinats sont peints, des rues sont nettoyées, des jardins sont cultivés et récoltés, tout dans un effort de répondre aux problèmes locaux sans l'intervention des gouvernements ou des institutions internationaux.

Avec Interweave Solutions, vous pouvez aider à encourager l'autonomie de quatre façons.

Un Groupe MBS qui fixe des buts en Uganda

Premièrement, sponsorisez un Ambassadeur du Succès. Les Ambassadeurs du Succès ont souvent besoin d'argent pour commencer leurs groupes d'autonomie MBS, avec les besoins comme le transport, ou les processus de créer une entreprise. Avec la certification d'Interweave et votre contribution nous pourrions aider des centaines à devenir autonome en aidant les Ambassadeurs du Succès à commencer dans un pays de votre choix.

Deuxièmement, sponsorisez une organisation. Nous avons du succès avec les organisations qui nous connaissent dans les pays en développement. Ils veulent faire démarrer des groupes mais ils n'ont ni le moyen ni la formation. Vous pourriez fournir de l'argent pour former les Ambassadeurs du Succès dans cette organisation.

Nous avons été contactés par une ONG en Afrique qui avait besoin d'aide avec l'autonomie. Des centaines de filles avaient été kidnappé par les armées rebelles en Uganda. Pendant six ans, ces filles ont été mises en servitude. La guerre est maintenant finie et ces jeunes filles avec leurs enfants sont abandonnées sur les rues d'Uganda. L'ONG voulait aider avec les besoin immédiats mains elles avaient besoin d'un plan a long terme pour la génération de revenus. Des tactiques simple, le soutien d'un groupe, et les buts à travers les groupes d'autonomie doivent être une partie importante pour ce plan à long terme. Vous pourrez fournir une ONG avec les provisions nécessaire de démarrer ces groupes.

Troisièmement, fournir une bourse d'autonomie. Pour un peu d'argent, une jeune mère en Tampico Mexique, ou Kinshasa, Congo pourrait obtenir un diplôme MBS. A travers le programme de bourse d'Interweave, elles peuvent s'inscrire pour la formation qui est offerte par un Ambassadeur du Succès de la région. Elles paient une somme, même une petite somme, pour acheter leurs cahiers, et puis nous leur donnons une bourse a leur Ambassadeur du Succès pour le cours.

L'Ambassadeur développe des groupes et gagne de l'argent, la participant achète ses livres et étudie, et votre don a aidé quelqu'un à devenir autonome.

Une école en Choluteca, Honduras a contacté notre Ambassadeur du Succès. Ils voulaient former 51 élèves en terminal mais ils n'avaient pas les matériaux. Avec votre bourse, nous fournissons les matériaux pour eux d'établir leur propre groupe d'autonomie MBS. Ne vous inquiétez pas. Nous les avons encouragé de fournir des services à leur communauté pour mériter ces bourses !

En dernier lieu, devenir un Ambassadeur du Succès. Vous pouvez obtenir le diplôme MBS et devenir un Ambassadeur du Succès avec la formation en ligne moins cher. N'importe quel pays dans lequel vous vivez il y a des gens qui ont beso-in d'améliorer leur entreprise, leur foyer et leur communauté. Vous, ou quelqu'un que vous connaissez pouvez devenir un agent du changement. Devenez un Ambassadeur du Succès. Si vous devenez un Ambassadeur du Succès vous pouvez aid-er les gens à améliorer leurs vies en aidant les membres des groupes d'autonomie MBS à développer et mettre en practique leurs propres plans d'entreprise, de foyer, et de communauté.

Lisez sur ce sujet sur le site web : InterweaveSolutions.org.

ON PEUT LE FAIRE

Quand vous donnez avec l'autonomie a l'esprit vous donnerez d'une manière différente. Vous poserez des questions d'au-tonomie et vous encouragerez l'espoir en discutant comment les gens peuvent travailler pour ce dont ils ont besoin. C'est plus difficile que de simplement donner mais cela a un plus grand effet.

Donner peut faire mal mais quand nous donnons avec l'au-tonomie a l'esprit nous pouvons changer les vies. Travail-lons ensemble, donnant pour l'impact, pour aider les gens à s'échapper de la pauvreté.

BIOGRAPHIE DE L'AUTEUR

Dean H Curtis est le président et cofondateur d'Interweave Solutions, une organisation au but non lucratif qui a créé des centaines de groupes d'autonomie MBS dans le monde entier.

Avant la création d'Interweave Solutions, Dean était entrepreneur accomplis qui a établi et vendu une entreprise avec plus de 500 employés, il était professeur adjoint de communication t de commerce à l'Université de Nebraska à Kearney, et il a enseigné au lycée à Spanish Fork, Utah.

Dean a obtenu son doctorat à l'University of Nebraska, Lincoln (en démarrant une entreprise au lieu d'écrire une dissertation) et il a eu sa maîtrise et sa license de Brigham Young University.

Avec sa famille, Dean et sa femme ont servi leur église en faisant une mission de trois ans en Tampico, Mexique et quand il était jeune, Dean a servi une mission de deux ans en Argentine. Ils sont les parents de neuf enfants.

Dean a voyagé partout dans le monde, enseignant les principes d'autonomie.